TRANZLATY

La Langue est pour tout le Monde

زبان برای همه است

La Belle et la Bête

زیبایی و هیولا

Gabrielle-Suzanne Barbot
de Villeneuve

Français / فارسی

Copyright © 2025 Tranzlaty
All rights reserved
Published by Tranzlaty
ISBN: 978-1-80572-055-3
Original text by Gabrielle-Suzanne Barbot de Villeneuve
La Belle et la Bête
First published in French in 1740
Taken from The Blue Fairy Book (Andrew Lang)
Illustration by Walter Crane
www.tranzlaty.com

Il était une fois un riche marchand
زمانی یک تاجر ثروتمند بود
ce riche marchand avait six enfants
این تاجر ثروتمند شش فرزند داشت
il avait trois fils et trois filles
او سه پسر و سه دختر داشت
il n'a épargné aucun coût pour leur éducation
او از هیچ هزینه ای برای تحصیل آنها دریغ نکرد
parce qu'il était un homme sensé
چون او مرد باهوشی بود
mais il a donné à ses enfants de nombreux serviteurs
اما او به فرزندان خود خدمتگزاران زیادی داد
ses filles étaient extrêmement jolies
دخترانش فوق العاده زیبا بودند
et sa plus jeune fille était particulièrement jolie
و کوچکترین دخترش به خصوص زیبا بود
Déjà enfant, sa beauté était admirée
در کودکی او قبلاً تحسین شده بود
et les gens l'appelaient à cause de sa beauté
و مردم به زیبایی او را صدا زدند
sa beauté ne s'est pas estompée avec l'âge
زیبایی او با افزایش سن از بین نرفت
alors les gens ont continué à l'appeler par sa beauté
بنابراین مردم به زیبایی او را صدا می زدند
cela a rendu ses sœurs très jalouses
این باعث حسادت خواهرانش شد
les deux filles aînées avaient beaucoup de fierté
دو دختر بزرگتر غرور زیادی داشتند
leur richesse était la source de leur fierté
ثروتشان مایه غرورشان بود
et ils n'ont pas caché leur fierté non plus
و غرور خود را نیز پنهان نکردند
ils n'ont pas rendu visite aux filles d'autres marchands
آنها دختران بازرگانان دیگر را ملاقات نکردند
parce qu'ils ne rencontrent que l'aristocratie
زیرا آنها فقط با اشراف ملاقات می کنند

ils sortaient tous les jours pour faire la fête

آنها هر روز به مهمانی می رفتند

bals, pièces de théâtre, concerts, etc.

توپ، نمایش، کنسرت، و غیره

et ils se moquèrent de leur plus jeune sœur

و آنها به کوچکترین خواهر خود خندیدند

parce qu'elle passait la plupart de son temps à lire

چون بیشتر وقتش را صرف خواندن می کرد

il était bien connu qu'ils étaient riches

معلوم بود که آنها ثروتمند هستند

alors plusieurs marchands éminents ont demandé leur main

پس چند تاجر سرشناس دست آنها را خواستند

mais ils ont dit qu'ils n'allaient pas se marier

اما آنها گفتند که قصد ازدواج ندارند

mais ils étaient prêts à faire quelques exceptions

اما آنها آماده بودند تا استثناهایی را ایجاد کنند

« Peut-être que je pourrais épouser un duc »

شاید بتوانم با یک دوک ازدواج کنم

« Je suppose que je pourrais épouser un comte »

"فکر می کنم می توانم با ارل ازدواج کنم "

Belle a remercié très civilement ceux qui lui ont proposé

زیبایی بسیار متمدنانه از کسانی که از او خواستگاری کردند تشکر کرد

elle leur a dit qu'elle était encore trop jeune pour se marier

او به آنها گفت که هنوز برای ازدواج خیلی جوان است

elle voulait rester quelques années de plus avec son père

او می خواست چند سال دیگر پیش پدرش بماند

Tout d'un coup, le marchand a perdu sa fortune

یکباره تاجر ثروت خود را از دست داد

il a tout perdu sauf une petite maison de campagne

او همه چیز را به جز یک خانه کوچک روستایی از دست داد

et il dit à ses enfants, les larmes aux yeux :

و با چشمانی اشکبار به فرزندانش گفت :

« il faut aller à la campagne »

"ما باید به روستا برویم "

« et nous devons travailler pour gagner notre vie »

"و ما باید برای زندگی خود کار کنیم "

les deux filles aînées ne voulaient pas quitter la ville
دو دختر بزرگتر نمی خواستند شهر را ترک کنند
ils avaient plusieurs amants dans la ville
آنها چندین معشوقه در شهر داشتند
et ils étaient sûrs que l'un de leurs amants les épouserait
و مطمئن بودند یکی از معشوقه هایشان با آنها ازدواج خواهد کرد
ils pensaient que leurs amants les épouseraient même sans fortune
آنها فکر می کردند که عاشقانشان حتی بدون ثروت با آنها ازدواج خواهند کرد
mais les bonnes dames se sont trompées
اما خانم های خوب اشتباه کردند
leurs amants les ont abandonnés très vite
عاشقانشان خیلی سریع آنها را ترک کردند
parce qu'ils n'avaient plus de fortune
زیرا آنها دیگر هیچ ثروتی نداشتند
cela a montré qu'ils n'étaient pas vraiment appréciés
این نشان داد که آنها واقعاً مورد پسند نیستند
tout le monde a dit qu'ils ne méritaient pas d'être plaints
همه گفتند که سزاوار ترحم نیستند
« Nous sommes heureux de voir leur fierté humiliée »
"ما خوشحالیم که غرور آنها را فروتن می کنیم "
« Qu'ils soient fiers de traire les vaches »
بگذار به گاو دوشیدن افتخار کنند
mais ils étaient préoccupés par Belle
اما آنها نگران زیبایی بودند
elle était une créature si douce
اون خیلی موجود شیرینی بود
elle parlait si gentiment aux pauvres
او خیلی مهربانانه با مردم فقیر صحبت می کرد
et elle était d'une nature si innocente
و او از طبیعت بی گناه بود
Plusieurs messieurs l'auraient épousée
چند نفر از آقایان با او ازدواج می کردند
ils l'auraient épousée même si elle était pauvre
با اینکه فقیر بود با او ازدواج می کردند

mais elle leur a dit qu'elle ne pouvait pas les épouser
اما او به آنها گفت که نمی تواند با آنها ازدواج کند
parce qu'elle ne voulait pas quitter son père
چون پدرش را ترک نمی کرد
elle était déterminée à l'accompagner à la campagne
مصمم بود با او به روستا برود
afin qu'elle puisse le réconforter et l'aider
تا بتواند به او آرامش دهد و کمکش کند
pauvre Belle était très affligée au début
زیبایی ضعیف در ابتدا بسیار غمگین شد
elle était attristée par la perte de sa fortune
او از از دست دادن ثروت خود غمگین بود
"Mais pleurer ne changera pas mon destin"
" اما گریه کردن شانس من را تغییر نمی دهد "
« Je dois essayer de me rendre heureux sans richesse »
" من باید سعی کنم خودم را بدون ثروت خوشحال کنم "
ils sont venus dans leur maison de campagne
آنها به خانه روستایی خود آمدند
et le marchand et ses trois fils s'appliquèrent à l'agriculture
و بازرگان و سه پسرش به دامداری پرداختند
Belle s'est levée à quatre heures du matin
زیبایی ساعت چهار صبح بلند شد
et elle s'est dépêchée de nettoyer la maison
و عجله کرد تا خانه را تمیز کند
et elle s'est assurée que le dîner était prêt
و او مطمئن شد که شام آماده است
au début, elle a trouvé sa nouvelle vie très difficile
در ابتدا او زندگی جدید خود را بسیار دشوار یافت
parce qu'elle n'était pas habituée à un tel travail
زیرا او به چنین کاری عادت نکرده بود
mais en moins de deux mois elle est devenue plus forte
اما در کمتر از دو ماه او قوی تر شد
et elle était en meilleure santé que jamais auparavant
و او سالم تر از همیشه بود
après avoir fait son travail, elle a lu
بعد از اینکه کارش را انجام داد خواند

elle jouait du clavecin
او با هارپسیکورد می نواخت
ou elle chantait en filant de la soie
یا در حالی که ابریشم می چرخید آواز می خواند
au contraire, ses deux sœurs ne savaient pas comment passer leur temps
برعکس، دو خواهرش نمی دانستند چگونه وقت خود را بگذرانند
ils se sont levés à dix heures et n'ont rien fait d'autre que paresser toute la journée
آنها ساعت ده از خواب بیدار شدند و کاری جز تنبلی در تمام روز انجام ندادند
ils ont déploré la perte de leurs beaux vêtements
آنها از گم شدن لباسهای خوب خود ابراز تاسف کردند
et ils se sont plaints d'avoir perdu leurs connaissances
و از از دست دادن آشنایان خود شکایت کردند
« Regardez notre plus jeune sœur », se dirent-ils.
آنها به یکدیگر گفتند: "به خواهر کوچک ما نگاه کنید ".
"Quelle pauvre et stupide créature elle est"
"او چه موجود فقیر و احمقی است "
"C'est mesquin de se contenter de si peu"
"به این معنی است که به این مقدار کم راضی باشیم "
le gentil marchand était d'un avis tout à fait différent
تاجر مهربان نظر کاملاً متفاوتی داشت
il savait très bien que Belle éclipsait ses sœurs
او به خوبی می دانست که زیبایی بیش از خواهرانش است
elle les a surpassés en caractère ainsi qu'en esprit
او در شخصیت و همچنین ذهن آنها را درخشید
il admirait son humilité et son travail acharné
فروتنی و سخت کوشی او را تحسین کرد
mais il admirait surtout sa patience
اما بیشتر از همه او صبر او را تحسین کرد
ses sœurs lui ont laissé tout le travail à faire
خواهرانش تمام کارها را به او واگذار کردند
et ils l'insultaient à chaque instant
و هر لحظه به او توهین می کردند
La famille vivait ainsi depuis environ un an.

خانواده حدود یک سال اینگونه زندگی کرده بودند
puis le commerçant a reçu une lettre d'un comptable
سپس تاجر نامه ای از یک حسابدار دریافت کرد
il avait un investissement dans un navire
او در یک کشتی سرمایه گذاری کرده بود
et le navire était arrivé sain et sauf
و کشتی به سلامت رسیده بود
Cette nouvelle a fait tourner les têtes des deux filles aînées
او سر دو دختر بزرگ را برگرداند
ils ont immédiatement eu l'espoir de revenir en ville
آنها بلافاصله امیدوار بودند که به شهر بازگردند
parce qu'ils étaient assez fatigués de la vie à la campagne
زیرا آنها از زندگی روستایی بسیار خسته بودند
ils sont allés vers leur père alors qu'il partait
در حالی که پدرشان می رفت، نزد پدر رفتند
ils l'ont supplié de leur acheter de nouveaux vêtements
از او التماس کردند که برایشان لباس نو بخرد
des robes, des rubans et toutes sortes de petites choses
لباس، روبان، و انواع چیزهای کوچک
mais Belle n'a rien demandé
اما زیبایی چیزی نخواست
parce qu'elle pensait que l'argent ne serait pas suffisant
چون فکر می کرد پول کافی نیست
il n'y aurait pas assez pour acheter tout ce que ses sœurs voulaient
برای خرید هر چیزی که خواهرانش می خواستند کافی نبود
"Que veux-tu, ma belle ?" demanda son père
"چی دوست داری، زیبایی؟" از پدرش پرسید
« Merci, père, pour la bonté de penser à moi », dit-elle
او گفت" :پدر، از تو متشکرم که به فکر من هستی ".
« Père, ayez la gentillesse de m'apporter une rose »
"پدر، آنقدر مهربان باش که برای من گل رز بیاوری "
"parce qu'aucune rose ne pousse ici dans le jardin"
"چون هیچ گل رز اینجا در باغ نمی روید "
"et les roses sont une sorte de rareté"
"و گل رز نوعی کمیاب است "

Belle ne se souciait pas vraiment des roses
زیبایی واقعاً به گل رز اهمیت نمی داد
elle a juste demandé quelque chose pour ne pas condamner ses sœurs
او فقط چیزی خواست که خواهرانش را محکوم نکند
mais ses sœurs pensaient qu'elle avait demandé des roses pour d'autres raisons
اما خواهرانش فکر کردند که او به دلایل دیگری گل رز خواسته است
"Elle l'a fait juste pour avoir l'air particulière"
"او این کار را انجام داد تا خاص به نظر برسد"
L'homme gentil est parti en voyage
مرد مهربان به سفر خود رفت
mais quand il est arrivé, ils se sont disputés à propos de la marchandise
اما هنگامی که او رسید، آنها در مورد کالا بحث کردند
et après beaucoup d'ennuis, il est revenu aussi pauvre qu'avant
و پس از مشقت های فراوان، مثل قبل فقیر بازگشت
il était à quelques heures de sa propre maison
او چند ساعت از خانه خود فاصله داشت
et il imaginait déjà la joie de revoir ses enfants
و او قبلاً لذت دیدن فرزندانش را تصور می کرد
mais en traversant la forêt, il s'est perdu
اما هنگام عبور از جنگل گم شد
il a plu et neigé terriblement
باران و برف وحشتناکی بارید
le vent était si fort qu'il l'a fait tomber de son cheval
باد آنقدر شدید بود که او را از اسبش پرت کرد
et la nuit arrivait rapidement
و شب به سرعت فرا می رسید
il a commencé à penser qu'il pourrait mourir de faim
او شروع به فکر کرد که ممکن است از گرسنگی بمیرد
et il pensait qu'il pourrait mourir de froid
و فکر کرد که ممکن است یخ بزند تا بمیرد
et il pensait que les loups pourraient le manger
و او فکر کرد که ممکن است گرگ ها او را بخورند

les loups qu'il entendait hurler tout autour de lui
زوزه گرگ ها را در اطرافش شنید
mais tout à coup il a vu une lumière
اما ناگهان نوری را دید
il a vu la lumière au loin à travers les arbres
نور را از راه دور از میان درختان دید
quand il s'est approché, il a vu que la lumière était un palais
وقتی نزدیکتر شد دید که نور یک قصر است
le palais était illuminé de haut en bas
کاخ از بالا به پایین روشن شد
le marchand a remercié Dieu pour sa chance
تاجر خدا را به خاطر شانسش شکر کرد
et il se précipita vers le palais
و با عجله به سمت قصر رفت
mais il fut surpris de ne voir personne dans le palais
اما از دیدن هیچ مردمی در قصر شگفت زده شد
la cour était complètement vide
حیاط دادگاه کاملا خالی بود
et il n'y avait aucun signe de vie nulle part
و هیچ نشانی از زندگی وجود نداشت
son cheval le suivit dans le palais
اسبش به دنبال او وارد قصر شد
et puis son cheval a trouvé une grande écurie
و سپس اسب او اصطبل بزرگی یافت
le pauvre animal était presque affamé
حیوان بیچاره تقریباً گرسنه شده بود
alors son cheval est allé chercher du foin et de l'avoine
بنابراین اسب او برای یافتن یونجه و جو به داخل رفت
Heureusement, il a trouvé beaucoup à manger
خوشبختانه او مقدار زیادی برای خوردن پیدا کرد
et le marchand attacha son cheval à la mangeoire
و بازرگان اسب خود را به آخور بست
En marchant vers la maison, il n'a vu personne
وقتی به سمت خانه می رفت کسی را ندید
mais dans une grande salle il trouva un bon feu
اما در یک سالن بزرگ آتش خوبی پیدا کرد

et il a trouvé une table dressée pour une personne
و او یک میز برای یکی پیدا کرد
il était mouillé par la pluie et la neige
از باران و برف خیس شده بود
alors il s'est approché du feu pour se sécher
پس نزدیک آتش رفت تا خود را خشک کند
« J'espère que le maître de maison m'excusera »
"امیدوارم ارباب خانه مرا ببخشد"
« Je suppose qu'il ne faudra pas longtemps pour que quelqu'un apparaisse »
"فکر می کنم زمان زیادی طول نمی کشد تا کسی ظاهر شود"
Il a attendu un temps considérable
او مدت قابل توجهی منتظر ماند
il a attendu jusqu'à ce que onze heures sonnent, et toujours personne n'est venu
او صبر کرد تا اینکه به یازده رسید، اما هنوز کسی نیامد
enfin, il avait tellement faim qu'il ne pouvait plus attendre
بالاخره آنقدر گرسنه بود که دیگر نمی توانست صبر کند
il a pris du poulet et l'a mangé en deux bouchées
مقداری مرغ گرفت و در دو لقمه خورد
il tremblait en mangeant la nourriture
هنگام خوردن غذا می لرزید
après cela, il a bu quelques verres de vin
بعد از این چند لیوان شراب نوشید
devenant plus courageux, il sortit du hall
با شجاعت بیشتر از سالن بیرون رفت
et il traversa plusieurs grandes salles
و از چندین سالن بزرگ عبور کرد
il a traversé le palais jusqu'à ce qu'il arrive dans une chambre
او در قصر قدم زد تا اینکه وارد یک اتاق شد
une chambre qui contenait un très bon lit
اتاقی که بستر بسیار خوبی در آن بود
il était très fatigué par son épreuve
او از مصیبت خود بسیار خسته بود
et il était déjà minuit passé

و ساعت از نیمه شب گذشته بود
alors il a décidé qu'il était préférable de fermer la porte
بنابراین او تصمیم گرفت که بهتر است در را ببندد
et il a conclu qu'il devrait aller se coucher
و او به این نتیجه رسید که باید به رختخواب برود
Il était dix heures du matin lorsque le marchand s'est réveillé
ساعت ده صبح بود که تاجر از خواب بیدار شد
au moment où il allait se lever, il vit quelque chose
همین که می خواست بلند شود چیزی دید
il a été étonné de voir un ensemble de vêtements propres
او از دیدن یک مجموعه لباس تمیز شگفت زده شد
à l'endroit où il avait laissé ses vêtements sales
در جایی که لباس های کثیفش را جا گذاشته بود
"ce palais appartient certainement à une sorte de fée"
" مطمئناً این قصر متعلق به یک پری مهربان است "
" une fée qui m'a vu et qui a eu pitié de moi"
" پری که مرا دیده و ترحم کرده است "
il a regardé à travers une fenêtre
از پنجره نگاه کرد
mais au lieu de neige, il vit le jardin le plus charmant
اما به جای برف، دلپذیرترین باغ را دید
et dans le jardin il y avait les plus belles roses
و در باغ زیباترین گلهای رز بود
il est ensuite retourné dans la grande salle
سپس به سالن بزرگ بازگشت
la salle où il avait mangé de la soupe la veille
سالنی که شب قبل در آن سوپ خورده بود
et il a trouvé du chocolat sur une petite table
و مقداری شکلات روی میز کوچکی پیدا کرد
« Merci, bonne Madame la Fée », dit-il à voix haute.
با صدای بلند گفت :متشکرم خانم پری خوب
"Merci d'être si attentionné"
" ممنونم که اینقدر دقت کردی "
« Je vous suis extrêmement reconnaissant pour toutes vos faveurs »

"من به خاطر همه لطف شما به شما بسیار متعهد هستم "
l'homme gentil a bu son chocolat
مرد مهربان شکلاتش را نوشید
et puis il est allé chercher son cheval
و سپس به دنبال اسب خود رفت
mais dans le jardin il se souvint de la demande de Belle
اما در باغ به یاد خواسته زیبایی افتاد
et il coupa une branche de roses
و شاخه ای از گل رز را برید
immédiatement il entendit un grand bruit
فورا صدای بزرگی شنید
et il vit une bête terriblement effrayante
و او جانور وحشتناکی را دید
il était tellement effrayé qu'il était sur le point de s'évanouir
او آنقدر ترسیده بود که آماده غش کردن بود
« Tu es bien ingrat », lui dit la bête.
جانور به او گفت :تو بسیار ناسپاسی
et la bête parla d'une voix terrible
و جانور با صدای وحشتناکی صحبت کرد
« Je t'ai sauvé la vie en te laissant entrer dans mon château »
"من با اجازه دادن تو به قلعه خود جان تو را نجات دادم "
"et pour ça tu me voles mes roses en retour ?"
"و برای این تو در عوض گل رز مرا می دزدی؟ "
« Les roses que j'apprécie plus que tout »
"رزهایی که من بیش از هر چیزی برای آنها ارزش قائل هستم "
"mais tu mourras pour ce que tu as fait"
"اما تو باید برای کاری که انجام دادی بمیری "
« Je ne vous donne qu'un quart d'heure pour vous préparer »
فقط یک ربع به شما فرصت می دهم تا خودتان را آماده کنید .
« Préparez-vous à la mort et dites vos prières »
"خودت را برای مرگ آماده کن و نمازت را بخوان "
le marchand tomba à genoux
تاجر روی زانو افتاد
et il leva ses deux mains
و هر دو دستش را بلند کرد
« Monseigneur, je vous supplie de me pardonner »

"پروردگار من، از تو می خواهم که مرا ببخشی "
« Je n'avais aucune intention de t'offenser »
"من قصد توهین نداشتم "
« J'ai cueilli une rose pour une de mes filles »
"من برای یکی از دخترانم گل رز جمع کردم "
"elle m'a demandé de lui apporter une rose"
"او از من خواست برایش گل رز بیاورم "
« Je ne suis pas ton seigneur, mais je suis une bête »,
répondit le monstre
هیولا پاسخ داد» :من ارباب شما نیستم، بلکه یک حیوان هستم
« Je n'aime pas les compliments »
"من عاشق تعارف نیستم "
« J'aime les gens qui parlent comme ils pensent »
"من افرادی را دوست دارم که همانطور که فکر می کنند صحبت می کنند "
« N'imaginez pas que je puisse être ému par la flatterie »
"تصور نکن من می توانم تحت تاثیر چاپلوسی قرار بگیرم "
« Mais tu dis que tu as des filles »
"اما شما می گویید که دختر دارید "
"Je te pardonnerai à une condition"
"به یک شرط میبخشمت "
« L'une de vos filles doit venir volontairement à mon palais »
"یکی از دخترانت باید با کمال میل به قصر من بیاید "
"et elle doit souffrir pour toi"
"و او باید برای تو رنج بکشد "
« Donne-moi ta parole »
"بگذار حرفت را بزنم"
"et ensuite tu pourras vaquer à tes occupations"
"و سپس می توانید به کار خود بروید "
« Promets-moi ceci : »
"به من قول بده ":
"Si votre fille refuse de mourir pour vous, vous devez revenir dans les trois mois"
"اگر دخترت حاضر نشد برایت بمیرد، باید ظرف سه ماه برگردی ".
le marchand n'avait aucune intention de sacrifier ses filles

تاجر هیچ قصدی برای قربانی کردن دخترانش نداشت

mais, comme on lui en donnait le temps, il voulait revoir ses filles une fois de plus

اما از آنجایی که به او فرصت داده شد، می خواست یک بار دیگر دخترانش را ببیند

alors il a promis qu'il reviendrait

پس قول داد که برمی گردد

et la bête lui dit qu'il pouvait partir quand il le voudrait

و جانور به او گفت که ممکن است وقتی بخواهد به راه بیفتد

et la bête lui dit encore une chose

و جانور یک چیز دیگر به او گفت

« Tu ne partiras pas les mains vides »

"تو نباید دست خالی بروی "

« retourne dans la pièce où tu étais allongé »

"برگرد به اتاقی که در آن دراز کشیده ای "

« vous verrez un grand coffre au trésor vide »

"شما یک صندوقچه گنج خالی بزرگ خواهید دید "

« Remplissez le coffre aux trésors avec ce que vous préférez »

"صندوق گنج را با هر چیزی که دوست دارید پر کنید "

"et j'enverrai le coffre au trésor chez toi"

"و من صندوق گنج را به خانه شما خواهم فرستاد "

et en même temps la bête s'est retirée

و در همان زمان وحش عقب نشینی کرد

« Eh bien, » se dit le bon homme

مرد خوب با خود گفت :خوب

« Si je dois mourir, je laisserai au moins quelque chose à mes enfants »

"اگر باید بمیرم، حداقل چیزی را به فرزندانم خواهم گذاشت "

alors il retourna dans la chambre à coucher

پس به اتاق خواب برگشت

et il a trouvé une grande quantité de pièces d'or

و او مقدار زیادی طلا پیدا کرد

il a rempli le coffre au trésor que la bête avait mentionné

او صندوقچه گنجی را که جانور ذکر کرده بود پر کرد

et il sortit son cheval de l'écurie

و اسبش را از اصطبل بیرون آورد

la joie qu'il ressentait en entrant dans le palais était désormais égale à la douleur qu'il ressentait en le quittant

لذتی که هنگام ورود به قصر احساس می کرد اکنون برابر با اندوهی بود که از ترک آن احساس می کرد

le cheval a pris un des chemins de la forêt

اسب یکی از جاده های جنگل را طی کرد

et quelques heures plus tard, le bon homme était à la maison

و بعد از چند ساعت مرد خوب به خانه رسید

ses enfants sont venus à lui

فرزندانش نزد او آمدند

mais au lieu de recevoir leurs étreintes avec plaisir, il les regardait

اما به جای اینکه آغوش آنها را با لذت بپذیرد، به آنها نگاه کرد

il brandit la branche qu'il tenait dans ses mains

شاخه ای را که در دستانش بود بالا گرفت

et puis il a fondu en larmes

و بعد اشک ریخت

« Belle », dit-il, « s'il te plaît, prends ces roses »

او گفت :"زیبایی، لطفا این گل رزها را بردارید "

"Vous ne pouvez pas savoir à quel point ces roses ont été chères"

"شما نمی توانید بدانید که این گل رز چقدر گران بوده است "

"Ces roses ont coûté la vie à ton père"

"این گل رز به قیمت جان پدرت تمام شد "

et puis il raconta sa fatale aventure

و سپس از ماجراجویی مرگبار خود گفت

immédiatement les deux sœurs aînées crièrent

بلافاصله دو خواهر بزرگتر فریاد زدند

et ils ont dit beaucoup de choses méchantes à leur belle sœur

و آنها چیزهای بد زیادی به خواهر زیبای خود گفتند

mais Belle n'a pas pleuré du tout

اما زیبایی اصلا گریه نکرد

« Regardez l'orgueil de ce petit misérable », dirent-ils.

آنها گفتند :"به غرور آن بدبخت کوچک نگاه کنید ".

"elle n'a pas demandé de beaux vêtements"

"او لباس خوب نخواست "
"Elle aurait dû faire ce que nous avons fait"
"او باید کاری را که ما انجام دادیم انجام می داد "
"elle voulait se distinguer"
"او می خواست خود را متمایز کند"
"alors maintenant elle sera la mort de notre père"
"پس اکنون او مرگ پدر ما خواهد بود "
"et pourtant elle ne verse pas une larme"
"و با این حال او اشک نمی ریزد "
"Pourquoi devrais-je pleurer ?" répondit Belle
"چرا باید گریه کنم؟ "زیبایی جواب داد
« pleurer serait très inutile »
"گریه کردن خیلی بی نیاز خواهد بود "
« Mon père ne souffrira pas pour moi »
"پدرم برای من عذاب نمی کشد "
"le monstre acceptera une de ses filles"
"هیولا یکی از دخترانش را می پذیرد "
« Je m'offrirai à toute sa fureur »
"من خودم را در برابر تمام خشم او تقدیم خواهم کرد "
« Je suis très heureux, car ma mort sauvera la vie de mon père »
من بسیار خوشحالم، زیرا مرگ من جان پدرم را نجات خواهد داد .
"ma mort sera une preuve de mon amour"
"مرگ من دلیلی بر عشق من خواهد بود "
« Non, ma sœur », dirent ses trois frères
سه برادرش گفتند: نه خواهر
"cela ne sera pas"
"این نمی شود "
"nous allons chercher le monstre"
"ما میریم هیولا رو پیدا میکنیم "
"et soit on le tue..."
"و یا ما او را خواهیم کشت"...
« ... ou nous périrons dans cette tentative »
..."وگرنه در تلاش هلاک خواهیم شد "
« N'imaginez rien de tel, mes fils », dit le marchand.
تاجر گفت: پسرانم چنین چیزی را تصور نکنید

"La puissance de la bête est si grande que je n'ai aucun espoir que tu puisses la vaincre"

"قدرت جانور آنقدر زیاد است که من هیچ امیدی ندارم که بتوانید بر او غلبه کنید "

« Je suis charmé par l'offre aimable et généreuse de Belle »

"من شیفته پیشنهاد مهربان و سخاوتمندانه زیبایی هستم "

"mais je ne peux pas accepter sa générosité"

"اما من نمی توانم سخاوت او را بپذیرم "

« Je suis vieux et je n'ai plus beaucoup de temps à vivre »

"من پیر هستم و مدت زیادی برای زندگی کردن ندارم "

"Je ne peux donc perdre que quelques années"

"پس من فقط می توانم چند سال از دست بدهم "

"un temps que je regrette pour vous, mes chers enfants"

"زمانی که برای شما افسوس خوردم فرزندان عزیزم "

« Mais père », dit Belle

زیبایی گفت :اما پدر

"tu n'iras pas au palais sans moi"

"تو بدون من به قصر نخواهی رفت "

"tu ne peux pas m'empêcher de te suivre"

"تو نمی‌توانی من را از دنبال کردن تو بازداری "

rien ne pourrait convaincre Belle autrement

هیچ چیز نمی تواند زیبایی را متقاعد کند

elle a insisté pour aller au beau palais

او اصرار داشت که به قصر خوب برود

et ses sœurs étaient ravies de son insistance

و خواهرانش از اصرار او خوشحال شدند

Le marchand était inquiet à l'idée de perdre sa fille

تاجر از فکر از دست دادن دخترش نگران بود

il était tellement inquiet qu'il avait oublié le coffre rempli d'or

آنقدر نگران بود که سینه پر از طلا را فراموش کرده بود

la nuit, il se retirait pour se reposer et fermait la porte de sa chambre

شب برای استراحت بازنشسته شد و در اتاقش را بست

puis, à sa grande surprise, il trouva le trésor à côté de son lit

سپس، در کمال شگفتی، گنج را در کنار تختش یافت

il était déterminé à ne rien dire à ses enfants
او مصمم بود به فرزندانش چیزی نگوید

s'ils savaient, ils auraient voulu retourner en ville
اگر می دانستند، می خواستند به شهر بازگردند

et il était résolu à ne pas quitter la campagne
و او تصمیم گرفت که روستا را ترک نکند

mais il confia le secret à Belle
اما او به زیبایی راز اعتماد کرد

elle l'informa que deux messieurs étaient venus
به او خبر داد که دو آقا آمده اند

et ils ont fait des propositions à ses sœurs
و به خواهرانش پیشنهاد دادند

elle a supplié son père de consentir à leur mariage
او از پدرش التماس کرد که با ازدواج آنها موافقت کند

et elle lui a demandé de leur donner une partie de sa fortune
و از او خواست تا مقداری از دارایی خود را به آنها بدهد

elle leur avait déjà pardonné
او قبلاً آنها را بخشیده بود

les méchantes créatures se frottaient les yeux avec des oignons
موجودات شریر چشمان خود را با پیاز مالیدند

pour forcer quelques larmes quand ils se sont séparés de leur sœur
وقتی از خواهرشان جدا شدند کمی اشک بریزند

mais ses frères étaient vraiment inquiets
اما برادران او واقعا نگران بودند

Belle était la seule à ne pas verser de larmes
زیبایی تنها کسی بود که اشک نریخت

elle ne voulait pas augmenter leur malaise
او نمی خواست ناراحتی آنها را افزایش دهد

le cheval a pris la route directe vers le palais
اسب راه مستقیم قصر را در پیش گرفت

et vers le soir ils virent le palais illuminé
و نزدیک غروب کاخ نورانی را دیدند

le cheval est rentré à l'écurie
اسب دوباره خودش را به داخل اصطبل برد

et le bon homme et sa fille entrèrent dans la grande salle

و مرد خوب و دخترش به سالن بزرگ رفتند

ici ils ont trouvé une table magnifiquement dressée

در اینجا میزی را پیدا کردند که با شکوه سرو شده بود

le marchand n'avait pas d'appétit pour manger

تاجر اشتهایی برای خوردن نداشت

mais Belle s'efforçait de paraître joyeuse

اما زیبایی تلاش می کرد که شاد به نظر برسد

elle s'est assise à table et a aidé son père

پشت میز نشست و به پدرش کمک کرد

mais elle pensait aussi :

اما او همچنین با خود فکر کرد :

"La bête veut sûrement m'engraisser avant de me manger"

"جانور مطمئناً قبل از اینکه مرا بخورد می خواهد مرا چاق کند "

"c'est pourquoi il offre autant de divertissement"

"به همین دلیل است که او چنین سرگرمی های فراوانی را فراهم می کند "

après avoir mangé, ils entendirent un grand bruit

بعد از اینکه غذا خوردند صدای بلندی شنیدند

et le marchand fit ses adieux à son malheureux enfant, les larmes aux yeux

و بازرگان با چشمانی اشکبار با فرزند نگون بخت خود خداحافظی کرد

parce qu'il savait que la bête allait venir

چون می دانست که جانور در حال آمدن است

Belle était terrifiée par sa forme horrible

زیبایی از فرم وحشتناک او وحشت داشت

mais elle a pris courage du mieux qu'elle a pu

اما او تا آنجا که می توانست شجاعت به خرج داد

et le monstre lui a demandé si elle était venue volontairement

و هیولا از او پرسید که آیا با میل آمده است؟

"Oui, je suis venue volontiers", dit-elle en tremblant

او با لرزش گفت" :بله، من با کمال میل آمده ام ".

la bête répondit : « Tu es très bon »

جانور پاسخ داد" :تو خیلی خوب هستی "

"et je vous suis très reconnaissant, honnête homme"

"و من بر تو بسیار متعهد هستم ای مرد صادق"
« Allez-y demain matin »
"فردا صبح راهت را برو"
"mais ne pense plus jamais à revenir ici"
"اما هرگز به آمدن دوباره به اینجا فکر نکن"
« Adieu Belle, adieu bête », répondit-il
او پاسخ داد: "خداحافظ زیبایی، خداحافظ جانور".
et immédiatement le monstre s'est retiré
و بلافاصله هیولا عقب نشینی کرد
« Oh, ma fille », dit le marchand
تاجر گفت: آه دختر
et il embrassa sa fille une fois de plus
و یک بار دیگر دخترش را در آغوش گرفت
« Je suis presque mort de peur »
"من تقریباً از مرگ می ترسم"
"crois-moi, tu ferais mieux de rentrer"
"باور کن بهتره برگردی"
"Laisse-moi rester ici, à ta place"
"بگذار به جای تو اینجا بمانم"
« Non, père », dit Belle d'un ton résolu.
زیبایی با لحنی مصمم گفت: نه پدر
"tu partiras demain matin"
"فردا صبح راهی خواهی شد"
« Laissez-moi aux soins et à la protection de la Providence »
"مرا به مراقبت و حمایت مشیت بسپار"
néanmoins ils sont allés se coucher
با این حال آنها به رختخواب رفتند
ils pensaient qu'ils ne fermeraient pas les yeux de la nuit
آنها فکر می کردند که تمام شب چشمان خود را نمی بندند
mais juste au moment où ils se couchaient, ils s'endormirent
اما همانطور که دراز کشیدند خوابیدند
La belle rêva qu'une belle dame venait et lui disait :
زیبارو خواب دید زنی خوب آمد و به او گفت :
« Je suis content, Belle, de ta bonne volonté »
"من از حسن نیت تو راضی هستم، زیبایی"
« Cette bonne action de votre part ne restera pas sans

récompense »

"این عمل خوب شما بدون پاداش نخواهد ماند "

Belle s'est réveillée et a raconté son rêve à son père

زیبایی از خواب بیدار شد و خواب خود را به پدرش گفت

le rêve l'a aidé à se réconforter un peu

رویا به او کمک کرد تا کمی آرامش داشته باشد

mais il ne pouvait s'empêcher de pleurer amèrement en partant

اما در حین خروج نتوانست گریه های تلخی را از خود دور کند

Dès qu'il fut parti, Belle s'assit dans la grande salle et pleura aussi

به محض اینکه او رفت، زیبایی در سالن بزرگ نشست و گریه کرد

mais elle résolut de ne pas s'inquiéter

اما او تصمیم گرفت که ناراحت نباشد

elle a décidé d'être forte pour le peu de temps qui lui restait à vivre

او تصمیم گرفت برای مدت کمی که برای زندگی باقی مانده بود قوی باشد

parce qu'elle croyait fermement que la bête la mangerait

زیرا او کاملاً معتقد بود که جانور او را خواهد خورد

Cependant, elle pensait qu'elle pourrait aussi bien explorer le palais

با این حال، او فکر کرد که می تواند کاخ را نیز کشف کند

et elle voulait voir le beau château

و او می خواست قلعه زیبا را ببیند

un château qu'elle ne pouvait s'empêcher d'admirer

قلعه ای که او نمی توانست آن را تحسین کند

c'était un palais délicieusement agréable

این یک قصر لذت بخش و دلپذیر بود

et elle fut extrêmement surprise de voir une porte

و او از دیدن یک در بسیار متعجب شد

et sur la porte il était écrit que c'était sa chambre

و بالای در نوشته بود که اتاق اوست

elle a ouvert la porte à la hâte

او با عجله در را باز کرد

et elle était tout à fait éblouie par la magnificence de la pièce

و او کاملاً از شکوه اتاق خیره شده بود

ce qui a principalement retenu son attention était une grande bibliothèque

چیزی که بیشتر توجه او را به خود جلب کرد یک کتابخانه بزرگ بود

un clavecin et plusieurs livres de musique

یک هارپسیکورد و چندین کتاب موسیقی

« Eh bien, » se dit-elle

با خودش گفت: "خب".

« Je vois que la bête ne laissera pas mon temps peser sur moi »

"من می بینم که هیولا نمی گذارد زمان من سنگین شود"

puis elle réfléchit à sa situation

سپس در مورد وضعیت خود با خود فکر کرد

« Si je devais rester un jour, tout cela ne serait pas là »

"اگر قرار بود یک روز بمانم همه اینها اینجا نبود"

cette considération lui inspira un courage nouveau

این توجه به او شجاعت تازه ای را برانگیخت

et elle a pris un livre de sa nouvelle bibliothèque

و از کتابخانه جدیدش کتابی برداشت

et elle lut ces mots en lettres d'or :

و این کلمات را با حروف طلایی خواند :

« Accueillez Belle, bannissez la peur »

"به زیبایی خوش آمدی، ترس را دور کن"

« Vous êtes reine et maîtresse ici »

"شما در اینجا ملکه و معشوقه هستید"

« Exprimez vos souhaits, exprimez votre volonté »

"آرزوهایت را بگو، اراده ات را بگو"

« L'obéissance rapide répond ici à vos souhaits »

"اطاعت سریع خواسته های شما را در اینجا برآورده می کند"

« Hélas, dit-elle avec un soupir

او با آه گفت: افسوس

« Ce que je souhaite par-dessus tout, c'est revoir mon pauvre père. »

"بیشتر از همه آرزو دارم پدر بیچاره ام را ببینم"

"et j'aimerais savoir ce qu'il fait"

"و من می خواهم بدانم او چه کار می کند"

Dès qu'elle eut dit cela, elle remarqua le miroir

همین که این را گفت متوجه آینه شد

à sa grande surprise, elle vit sa propre maison dans le miroir

در کمال تعجب او خانه خود را در آینه دید

son père est arrivé émotionnellement épuisé

پدرش از لحاظ عاطفی خسته از راه رسید

ses sœurs sont allées à sa rencontre

خواهرانش به ملاقات او رفتند

malgré leurs tentatives de paraître tristes, leur joie était visible

علیرغم تلاش آنها برای غمگین به نظر رسیدن، شادی آنها قابل مشاهده بود

un instant plus tard, tout a disparu

یک لحظه بعد همه چیز ناپدید شد

et les appréhensions de Belle ont également disparu

و دلهره های زیبایی نیز ناپدید شد

car elle savait qu'elle pouvait faire confiance à la bête

زیرا می دانست که می تواند به جانور اعتماد کند

À midi, elle trouva le dîner prêt

ظهر او شام را آماده یافت

elle s'est assise à la table

خودش پشت میز نشست

et elle a été divertie avec un concert de musique

و او با یک کنسرت موسیقی سرگرم شد

même si elle ne pouvait voir personne

اگرچه او نمی توانست کسی را ببیند

le soir, elle s'est à nouveau assise pour dîner

شب دوباره برای شام نشست

cette fois elle entendit le bruit que faisait la bête

این بار صدای هیولا را شنید

et elle ne pouvait s'empêcher d'être terrifiée

و او نمی‌توانست جلوی ترسش را بگیرد

"Belle", dit le monstre

هیولا گفت: زیبایی

"est-ce que tu me permets de manger avec toi ?"

"اجازه می دهی با تو غذا بخورم؟"

« Fais comme tu veux », répondit Belle en tremblant

زیبایی لرزان پاسخ داد :"هر کاری که دوست داری انجام بده ".

"Non", répondit la bête

جانور پاسخ داد : نه

"tu es seule la maîtresse ici"

"شما تنها معشوقه ای اینجا هستید "

"tu peux me renvoyer si je suis gênant"

"اگر مشکل دارم، می توانید مرا بفرستید "

« renvoyez-moi et je me retirerai immédiatement »

"مرا بفرست و من فورا عقب نشینی میکنم "

« Mais dis-moi, ne me trouves-tu pas très laide ? »

"اما، به من بگو، آیا فکر نمی کنی من خیلی زشت هستم؟ "

"C'est vrai", dit Belle

زیبایی گفت :این درست است

« Je ne peux pas mentir »

"نمیتونم دروغ بگم "

"mais je crois que tu es de très bonne nature"

"اما من معتقدم که شما خیلی خوب هستید "

« Je le suis en effet », dit le monstre

هیولا گفت" :من واقعا هستم ".

« Mais à part ma laideur, je n'ai pas non plus de bon sens »

"اما جدا از زشتی‌هایم، عقل هم ندارم "

« Je sais très bien que je suis une créature stupide »

"من به خوبی می دانم که من یک موجود احمق هستم "

« Ce n'est pas un signe de folie de penser ainsi », répondit Belle.

زیبایی پاسخ داد" :اینگونه فکر کردن نشانه حماقت نیست ".

« Mange donc, belle », dit le monstre

هیولا گفت» :پس زیبایی «.

« essaie de t'amuser dans ton palais »

"سعی کن خودت را در قصرت سرگرم کنی "

"tout ici est à toi"

"اینجا همه چیز مال توست "

"et je serais très mal à l'aise si tu n'étais pas heureux"

"و اگر تو خوشحال نبودی من خیلی ناراحت می شدم "

« Vous êtes très obligeant », répondit Belle

زیبایی پاسخ داد: "شما بسیار موظف هستید".
« J'avoue que je suis heureux de votre gentillesse »
"اعتراف می کنم از لطف شما راضی هستم"
« et quand je considère votre gentillesse, je remarque à peine vos difformités »
"و وقتی مهربانی شما را در نظر می گیرم، به سختی متوجه بدشکلی های شما می شوم"
« Oui, oui, dit la bête, mon cœur est bon.
جانور گفت: بله، بله، قلب من خوب است
"mais même si je suis bon, je suis toujours un monstre"
"اما با وجود اینکه خوب هستم، من هنوز یک هیولا هستم"
« Il y a beaucoup d'hommes qui méritent ce nom plus que toi »
"مردان زیادی هستند که بیش از شما سزاوار این نام هستند"
"et je te préfère tel que tu es"
"و من تو را همانگونه که هستی ترجیح می دهم"
"et je te préfère à ceux qui cachent un cœur ingrat"
«و من تو را از کسانی که قلب ناسپاسی را پنهان می دارند ترجیح می دهم».

"Si seulement j'avais un peu de bon sens", répondit la bête
جانور پاسخ داد: "اگر فقط کمی عقل داشتم".
"Si j'avais du bon sens, je vous ferais un beau compliment pour vous remercier"
"اگر عقل داشتم برای تشکر از شما یک تعریف خوب انجام می دادم"
"mais je suis si ennuyeux"
"اما من خیلی کسل هستم"
« Je peux seulement dire que je vous suis très reconnaissant »
"فقط می توانم بگویم که به شما بسیار متعهد هستم"
Belle a mangé un copieux souper
زیبایی یک شام مقوی خورد
et elle avait presque vaincu sa peur du monstre
و او تقریباً بر ترس خود از هیولا غلبه کرده بود
mais elle a voulu s'évanouir lorsque la bête lui a posé la question suivante
اما وقتی هیولا سوال بعدی را از او پرسید می خواست غش کند

"Belle, veux-tu être ma femme ?"

"زیبایی، همسر من می شوی؟ "

elle a mis du temps avant de pouvoir répondre

او مدتی طول کشید تا بتواند پاسخ دهد

parce qu'elle avait peur de le mettre en colère

چون می ترسید او را عصبانی کند

Mais finalement elle dit "non, bête"

با این حال، در نهایت او گفت" نه، جانور "

immédiatement le pauvre monstre siffla très effroyablement

بلافاصله هیولای بیچاره به طرز وحشتناکی خش خش کرد

et tout le palais résonna

و تمام قصر طنین انداز شد

mais Belle se remit bientôt de sa frayeur

اما زیبایی به زودی از ترس او خلاص شد

parce que la bête parla encore d'une voix lugubre

زیرا وحش دوباره با صدای غم انگیز صحبت کرد

"Alors adieu, Belle"

"پس خداحافظ ای زیبایی "

et il ne se retournait que de temps en temps

و او فقط گهگاه به عقب برمی گشت

de la regarder alors qu'il sortait

وقتی بیرون می رفت به او نگاه کنم

maintenant Belle était à nouveau seule

حالا زیبایی دوباره تنها بود

elle ressentait beaucoup de compassion

او احساس شفقت زیادی داشت

"Hélas, c'est mille fois dommage"

"افسوس که هزار حیف است "

"tout ce qui est si bon ne devrait pas être si laid"

"هر چیزی که به این خوبی سرشتی داشته باشد نباید اینقدر زشت باشد "

Belle a passé trois mois très heureuse dans le palais

زیبایی سه ماه را با رضایت کامل در قصر گذراند

chaque soir la bête lui rendait visite

هر روز غروب هیولا او را ملاقات می کرد

et ils ont parlé pendant le dîner

و در هنگام شام صحبت کردند

ils ont parlé avec bon sens

آنها با عقل سلیم صحبت کردند

mais ils ne parlaient pas avec ce que les gens appellent de l'esprit

اما با چیزی که مردم شوخ طبعی می نامند صحبت نکردند

Belle a toujours découvert un caractère précieux dans la bête

زیبایی همیشه شخصیت ارزشمندی را در هیولا کشف می کرد

et elle s'était habituée à sa difformité

و او به بدشکلی او عادت کرده بود

elle ne redoutait plus le moment de sa visite

او دیگر از زمان ملاقات او نمی ترسید

maintenant elle regardait souvent sa montre

حالا او اغلب به ساعتش نگاه می کرد

et elle ne pouvait pas attendre qu'il soit neuf heures

و او نمی توانست صبر کند تا ساعت نه شود

car la bête ne manquait jamais de venir à cette heure-là

زیرا وحش هرگز در آن ساعت از آمدن غافل نشد

il n'y avait qu'une seule chose qui concernait Belle

فقط یک چیز مربوط به زیبایی بود

chaque soir avant d'aller au lit, la bête lui posait la même question

هر شب قبل از رفتن به رختخواب، جانور همین سوال را از او می پرسید

le monstre lui a demandé si elle voulait être sa femme

هیولا از او پرسید که آیا همسرش خواهد بود؟

un jour elle lui dit : "bête, tu me mets très mal à l'aise"

یک روز به او گفت" :جانور، تو مرا خیلی ناراحت می کنی "

« J'aimerais pouvoir consentir à t'épouser »

"کاش میتونستم با تو ازدواج کنم "

"mais je suis trop sincère pour te faire croire que je t'épouserais"

"اما من آنقدر صمیمانه هستم که نمی توانم باور کنی با تو ازدواج خواهم کرد "

"Notre mariage n'aura jamais lieu"

"ازدواج ما هرگز اتفاق نخواهد افتاد "

« Je te verrai toujours comme un ami »

"من همیشه تو را به عنوان یک دوست خواهم دید "
"S'il vous plaît, essayez d'être satisfait de cela"
"لطفا سعی کنید به این راضی باشید "
« Je dois me contenter de cela », dit la bête
جانور گفت» :باید به این راضی باشم
« Je connais mon propre malheur »
"من بدبختی خودم را می دانم "
"mais je t'aime avec la plus tendre affection"
"اما من تو را با لطیف ترین محبت دوست دارم "
« Cependant, je devrais me considérer comme heureux »
"با این حال، من باید خودم را خوشحال بدانم "
"et je serais heureux que tu restes ici"
"و من باید خوشحال باشم که تو اینجا می مانی "
"promets-moi de ne jamais me quitter"
"به من قول بده که هرگز ترکم نکنی "
Belle rougit à ces mots
زیبایی از این کلمات سرخ شد
Un jour, Belle se regardait dans son miroir
یک روز زیبایی در آینه او نگاه می کرد
son père s'était inquiété à mort pour elle
پدرش نگران او شده بود
elle avait plus que jamais envie de le revoir
بیشتر از همیشه آرزو داشت دوباره او را ببیند
« Je pourrais te promettre de ne jamais te quitter complètement »
"من می توانم قول بدهم که هرگز تو را به طور کامل ترک نکنم "
"mais j'ai tellement envie de voir mon père"
"اما من خیلی آرزو دارم پدرم را ببینم "
« Je serais terriblement contrarié si tu disais non »
"اگر نه بگویید من به شدت ناراحت خواهم شد "
« Je préfère mourir moi-même », dit le monstre
هیولا گفت :ترجیح دادم خودم بمیرم
« Je préférerais mourir plutôt que de te mettre mal à l'aise »
"من ترجیح می دهم بمیرم تا اینکه تو را ناراحت کنم "
« Je t'enverrai vers ton père »
"من تو را نزد پدرت می فرستم "

"tu resteras avec lui"
"با او خواهی ماند "
"et cette malheureuse bête mourra de chagrin à la place"
"و این جانور بدبخت در عوض با اندوه خواهد مرد "
« Non », dit Belle en pleurant
زیبایی گریان گفت: نه
"Je t'aime trop pour être la cause de ta mort"
"من تو را آنقدر دوست دارم که دلیل مرگت باشم "
"Je te promets de revenir dans une semaine"
"من به شما قول می دهم که یک هفته دیگر برگردم "
« Tu m'as montré que mes sœurs sont mariées »
"تو به من نشان دادی که خواهرانم ازدواج کرده اند "
« et mes frères sont partis à l'armée »
"و برادرانم به سربازی رفته اند "
« laisse-moi rester une semaine avec mon père, car il est seul »
"اجازه دهید یک هفته پیش پدرم بمانم، زیرا او تنهاست "
« Tu seras là demain matin », dit la bête
جانور گفت: فردا صبح آنجا خواهید بود
"mais souviens-toi de ta promesse"
"اما قولت را به خاطر بسپار "
« Il vous suffit de poser votre bague sur une table avant d'aller vous coucher »
"فقط باید حلقه خود را قبل از رفتن به رختخواب روی میز بگذارید "
"et alors tu seras ramené avant le matin"
« و سپس شما را قبل از صبح باز گردانند »
« Adieu chère Belle », soupira la bête
جانور آهی کشید: "خداحافظ زیبایی عزیز ".
Belle s'est couchée très triste cette nuit-là
زیبایی آن شب بسیار غمگین به رختخواب رفت
parce qu'elle ne voulait pas voir la bête si inquiète
چون نمی خواست جانور را اینقدر نگران ببیند
le lendemain matin, elle se retrouva chez son père
صبح روز بعد او خود را در خانه پدرش یافت
elle a sonné une petite cloche à côté de son lit
او زنگ کوچکی را کنار تختش به صدا درآورد

et la servante poussa un grand cri

و خدمتکار فریاد بلندی کشید

et son père a couru à l'étage

و پدرش به طبقه بالا دوید

il pensait qu'il allait mourir de joie

فکر می کرد از خوشحالی می میرد

il l'a tenue dans ses bras pendant un quart d'heure

ربع ساعت او را در آغوش گرفت

Finalement, les premières salutations étaient terminées

بالاخره اولین احوالپرسی به پایان رسید

Belle a commencé à penser à sortir du lit

زیبایی به فکر بلند شدن از رختخواب افتاد

mais elle s'est rendu compte qu'elle n'avait apporté aucun vêtement

اما متوجه شد که لباسی نیاورده است

mais la servante lui a dit qu'elle avait trouvé une boîte

اما خدمتکار به او گفت که جعبه ای پیدا کرده است

le grand coffre était plein de robes et de robes

صندوق عقب بزرگ پر از لباس مجلسی و لباس بود

chaque robe était couverte d'or et de diamants

هر لباس با طلا و الماس پوشیده شده بود

La Belle a remercié la Bête pour ses bons soins

زیبایی از جانور به خاطر مراقبت مهربانش تشکر کرد

et elle a pris l'une des robes les plus simples

و یکی از ساده ترین لباس ها را گرفت

elle avait l'intention de donner les autres robes à ses sœurs

او قصد داشت لباس های دیگر را به خواهرانش بدهد

mais à cette pensée le coffre de vêtements disparut

اما در آن فکر سینه لباس ناپدید شد

la bête avait insisté sur le fait que les vêtements étaient pour elle seulement

جانور اصرار کرده بود که لباس ها فقط برای او هستند

son père lui a dit que c'était le cas

پدرش به او گفت که این چنین است

et aussitôt le coffre de vêtements est revenu

و بلافاصله صندوق عقب باز آمد

Belle s'est habillée avec ses nouveaux vêtements
زیبایی خودش را با لباس های جدیدش پوشید
et pendant ce temps les servantes allèrent chercher ses sœurs
و در این بین خدمتکاران برای یافتن خواهران او رفتند
ses deux sœurs étaient avec leurs maris
هر دو خواهرش با شوهرانشان بودند
mais ses deux sœurs étaient très malheureuses
اما هر دو خواهرش بسیار ناراضی بودند
sa sœur aînée avait épousé un très beau gentleman
خواهر بزرگش با یک آقا بسیار خوش تیپ ازدواج کرده بود
mais il était tellement amoureux de lui-même qu'il négligeait sa femme
اما آنقدر به خودش علاقه داشت که از همسرش غافل شد
sa deuxième sœur avait épousé un homme spirituel
خواهر دومش با مردی شوخ ازدواج کرده بود
mais il a utilisé son esprit pour tourmenter les gens
اما او از شوخ طبعی خود برای عذاب مردم استفاده می کرد
et il tourmentait surtout sa femme
و بیشتر از همه همسرش را عذاب می داد
Les sœurs de Belle l'ont vue habillée comme une princesse
خواهران زیبایی او را در لباس یک شاهزاده خانم دیدند
et ils furent écœurés d'envie
و از حسادت بیمار شدند
maintenant elle était plus belle que jamais
حالا او زیباتر از همیشه بود
son comportement affectueux n'a pas pu étouffer leur jalousie
رفتار محبت آمیز او نتوانست حسادت آنها را خفه کند
elle leur a dit combien elle était heureuse avec la bête
او به آنها گفت که چقدر با این جانور خوشحال است
et leur jalousie était prête à éclater
و حسادت آنها آماده ترکیدن بود
Ils descendirent dans le jardin pour pleurer leur malheur
آنها به باغ رفتند تا از بدبختی خود گریه کنند
« En quoi cette petite créature est-elle meilleure que nous ? »
"این موجود کوچک از چه نظر بهتر از ماست؟"

« Pourquoi devrait-elle être tellement plus heureuse ? »

"چرا او باید خیلی خوشحال تر باشد؟ "

« Sœur », dit la sœur aînée

خواهر بزرگتر گفت: خواهر

"une pensée vient de me traverser l'esprit"

"یک فکر به ذهنم رسید "

« Essayons de la garder ici plus d'une semaine »

"بیایید سعی کنیم او را بیش از یک هفته اینجا نگه داریم "

"Peut-être que cela fera enrager ce monstre idiot"

"شاید این هیولای احمقانه را خشمگین کند "

« parce qu'elle aurait manqué à sa parole »

"چون او حرف خود را شکست "

"et alors il pourrait la dévorer"

"و سپس ممکن است او را ببلعد "

"C'est une excellente idée", répondit l'autre sœur

خواهر دیگر پاسخ داد" :این یک ایده عالی است ".

« Nous devons lui montrer autant de gentillesse que possible »

"ما باید تا حد امکان به او مهربانی نشان دهیم "

les sœurs en ont fait leur résolution

خواهران این تصمیم خود را اعلام کردند

et ils se sont comportés très affectueusement envers leur sœur

و با خواهرشان بسیار محبت آمیز رفتار کردند

pauvre Belle pleurait de joie à cause de toute leur gentillesse

زیبایی بیچاره از خوشحالی از این همه مهربانی گریست

quand la semaine fut expirée, ils pleurèrent et s'arrachèrent les cheveux

وقتی هفته تمام شد، گریه کردند و موهای خود را پاره کردند

ils semblaient si désolés de se séparer d'elle

به نظر می رسید که آنها از جدایی با او بسیار متاسف بودند

et Belle a promis de rester une semaine de plus

و زیبایی قول داد که یک هفته بیشتر بماند

Pendant ce temps, Belle ne pouvait s'empêcher de réfléchir sur elle-même

در این میان، زیبایی نمی توانست از تأمل در خود جلوگیری کند

elle s'inquiétait de ce qu'elle faisait à la pauvre bête

او نگران بود که با حیوان بیچاره چه می کند

elle sait qu'elle l'aimait sincèrement

او می داند که او را صمیمانه دوست دارد

et elle avait vraiment envie de le revoir

و او واقعاً آرزو داشت دوباره او را ببیند

la dixième nuit qu'elle a passée chez son père aussi

دهمین شبی که او در خانه پدرش گذراند

elle a rêvé qu'elle était dans le jardin du palais

او خواب دید که در باغ قصر است

et elle rêva qu'elle voyait la bête étendue sur l'herbe

و او در خواب دید که جانور را دراز شده روی علف ها دید

il semblait lui faire des reproches d'une voix mourante

به نظر می رسید که او را با صدایی در حال مرگ سرزنش می کند

et il l'accusa d'ingratitude

و او را به ناسپاسی متهم کرد

Belle s'est réveillée de son sommeil

زیبایی از خواب بیدار شد

et elle a fondu en larmes

و او به گریه افتاد

« Ne suis-je pas très méchant ? »

"آیا من خیلی بد نیستم؟ "

« N'était-ce pas cruel de ma part d'agir si méchamment envers la bête ? »

"آیا این ظلم نبود که با این جانور چنین نامهربانی کنم؟ "

"la bête a tout fait pour me faire plaisir"

"جانور هر کاری کرد تا من را راضی کند "

« Est-ce sa faute s'il est si laid ? »

-تقصیر خودشه که اینقدر زشته؟

« Est-ce sa faute s'il a si peu d'esprit ? »

"این تقصیر اوست که اینقدر عقلش کم است؟ "

« Il est gentil et bon, et cela suffit »

« او مهربان و نیکوکار است و بس است »

« Pourquoi ai-je refusé de l'épouser ? »

"چرا از ازدواج با او امتناع کردم؟ "

« Je devrais être heureux avec le monstre »

"من باید با هیولا خوشحال باشم"
« regarde les maris de mes sœurs »
"به شوهر خواهرانم نگاه کن"
« Ni l'esprit, ni la beauté ne les rendent bons »
"نه شوخ طبع و نه خوش تیپ بودن آنها را خوب نمی کند"
« aucun de leurs maris ne les rend heureuses »
"هیچ یک از شوهرانشان آنها را خوشحال نمی کند"
« mais la vertu, la douceur de caractère et la patience »
« اما فضیلت و شیرینی خلق و خوی و صبر »
"ces choses rendent une femme heureuse"
"این چیزها یک زن را خوشحال می کند"
"et la bête a toutes ces qualités précieuses"
"و حیوان تمام این صفات ارزشمند را دارد"
"c'est vrai, je ne ressens pas de tendresse et d'affection pour lui"
"درست است، من لطافت محبت را نسبت به او احساس نمی کنم"
"mais je trouve que j'éprouve la plus grande gratitude envers lui"
"اما من متوجه شدم که بالاترین سپاسگزاری را از او دارم"
"et j'ai la plus haute estime pour lui"
"و من بالاترین احترام را برای او قائل هستم"
"et il est mon meilleur ami"
"و او بهترین دوست من است"
« Je ne le rendrai pas malheureux »
"من او را بدبخت نمی کنم"
« Si j'étais si ingrat, je ne me le pardonnerais jamais »
"اگر اینقدر ناسپاس بودم هرگز خودم را نمی بخشیدم"
Belle a posé sa bague sur la table
زیبایی حلقه اش را روی میز گذاشت
et elle est retournée au lit
و دوباره به رختخواب رفت
à peine était-elle au lit qu'elle s'endormit
کمیاب بود قبل از اینکه بخوابد در رختخواب بود
elle s'est réveillée à nouveau le lendemain matin
صبح روز بعد دوباره از خواب بیدار شد
et elle était ravie de se retrouver dans le palais de la bête

و او از اینکه خود را در قصر وحش یافت بسیار خوشحال شد
elle a mis une de ses plus belles robes pour lui faire plaisir
یکی از زیباترین لباس هایش را پوشید تا او را راضی کند
et elle attendait patiemment le soir
و او صبورانه منتظر عصر بود
enfin l'heure tant souhaitée est arrivée
ساعت آرزویی فرا رسید
L'horloge a sonné neuf heures, mais aucune bête n'est apparue
ساعت نه را زد، اما هیچ جانوری ظاهر نشد
La belle craignit alors d'avoir été la cause de sa mort
زیبایی پس از آن ترسید که او علت مرگ او باشد
elle a couru en pleurant dans tout le palais
او با گریه در اطراف قصر دوید
après l'avoir cherché partout, elle se souvint de son rêve
بعد از اینکه همه جا دنبالش گشت، خوابش را به یاد آورد
et elle a couru vers le canal dans le jardin
و او به سمت کانال باغ دوید
là elle a trouvé la pauvre bête étendue
در آنجا جانور بیچاره را دراز کرده بود
et elle était sûre de l'avoir tué
و مطمئن بود که او را کشته است
elle se jeta sur lui sans aucune crainte
او بدون هیچ ترسی خود را روی او انداخت
son cœur battait encore
قلبش همچنان می تپید
elle est allée chercher de l'eau au canal
او مقداری آب از کانال آورد
et elle versa l'eau sur sa tête
و آب را روی سر او ریخت
la bête ouvrit les yeux et parla à Belle
جانور چشمانش را باز کرد و با زیبایی صحبت کرد
« Tu as oublié ta promesse »
"تو قولت را فراموش کردی"
« J'étais tellement navrée de t'avoir perdu »
"من خیلی دلم شکست که تو را از دست دادم"

« J'ai décidé de me laisser mourir de faim »
"تصمیم گرفتم از گرسنگی بمیرم "
"mais j'ai le bonheur de te revoir une fois de plus"
"اما من خوشحالم که یک بار دیگر شما را می بینم "
"j'ai donc le plaisir de mourir satisfait"
"پس من خوشحالم که راضی بمیرم "
« Non, chère bête », dit Belle, « tu ne dois pas mourir »
زیبایی گفت :نه، جانور عزیز، تو نباید بمیری .
« Vis pour être mon mari »
"زندگی کن تا شوهر من شوی "
"à partir de maintenant je te donne ma main"
"از این لحظه دستم را به تو می دهم "
"et je jure de n'être que le tien"
"و قسم می خورم که جز مال تو نباشم "
« Hélas ! Je pensais n'avoir que de l'amitié pour toi »
"افسوس !فکر می کردم فقط برای تو دوستی دارم "
« mais la douleur que je ressens maintenant m'en convainc »
;
اما اندوهی که اکنون احساس می کنم مرا متقاعد می کند .
"Je ne peux pas vivre sans toi"
"من نمی توانم بدون تو زندگی کنم "
Belle avait à peine prononcé ces mots lorsqu'elle vit une lumière
زیبایی کمیاب وقتی نوری را دید این کلمات را گفته بود
le palais scintillait de lumière
کاخ از نور می درخشید
des feux d'artifice ont illuminé le ciel
آتش بازی آسمان را روشن کرد
et l'air rempli de musique
و هوا پر از موسیقی شد
tout annonçait un grand événement
همه چیز حکایت از یک رویداد بزرگ داشت
mais rien ne pouvait retenir son attention
اما هیچ چیز نتوانست توجه او را جلب کند
elle s'est tournée vers sa chère bête
او رو به جانور عزیزش کرد

la bête pour laquelle elle tremblait de peur
جانوری که برایش از ترس می لرزید
mais sa surprise fut grande face à ce qu'elle vit !
اما تعجب او از چیزی که دید عالی بود !
la bête avait disparu
جانور ناپدید شده بود
Au lieu de cela, elle a vu le plus beau prince
در عوض او دوست داشتنی ترین شاهزاده را دید
elle avait mis fin au sort
او به طلسم پایان داده بود
un sort sous lequel il ressemblait à une bête
طلسمی که تحت آن شبیه یک جانور بود
ce prince était digne de toute son attention
این شاهزاده ارزش تمام توجه او را داشت
mais elle ne pouvait s'empêcher de demander où était la bête
اما نمی‌توانست بپرسد جانور کجاست
« Vous le voyez à vos pieds », dit le prince
شاهزاده گفت: او را در پای خود می بینید
« Une méchante fée m'avait condamné »
"پری بدجنس مرا محکوم کرده بود "
« Je devais rester dans cette forme jusqu'à ce qu'une belle princesse accepte de m'épouser »
"قرار بود در این شکل بمانم تا زمانی که یک شاهزاده خانم زیبا با من ازدواج کند "
"la fée a caché ma compréhension"
"پری درک من را پنهان کرد "
« tu étais le seul assez généreux pour être charmé par la bonté de mon caractère »
"تو تنها کسی بودی که به اندازه کافی سخاوتمند بودی که مجذوب خوبی خلق و خوی من شدی "
Belle était agréablement surprise
زیبایی با خوشحالی شگفت زده شد
et elle donna sa main au charmant prince
و او دست خود را به شاهزاده جذاب داد
ils sont allés ensemble au château
با هم به داخل قلعه رفتند

et Belle fut ravie de retrouver son père au château
و زیبایی از یافتن پدرش در قلعه بسیار خوشحال شد
et toute sa famille était là aussi
و تمام خانواده او نیز آنجا بودند
même la belle dame qui lui était apparue dans son rêve était là
حتی بانوی زیبایی که در رویای او ظاهر شد آنجا بود
"Belle", dit la dame du rêve
زیبایی: خانم از رویا گفت
« viens et reçois ta récompense »
" بیا و پاداش خود را دریافت کن "
« Vous avez préféré la vertu à l'esprit ou à l'apparence »
" شما فضیلت را بر شوخ طبعی یا ظاهر ترجیح داده اید "
"et tu mérites quelqu'un chez qui ces qualités sont réunies"
" و شما سزاوار کسی هستید که این خصوصیات در آن متحد باشد "
"tu vas être une grande reine"
" شما یک ملکه بزرگ خواهید شد "
« J'espère que le trône ne diminuera pas votre vertu »
" امیدوارم تاج و تخت از فضیلت شما کم نکند "
puis la fée se tourna vers les deux sœurs
سپس پری رو به دو خواهر کرد
« J'ai vu à l'intérieur de vos cœurs »
" من درون قلب شما را دیده ام "
"et je connais toute la méchanceté que contiennent vos cœurs"
" و من می دانم تمام بدی هایی که در قلب شما وجود دارد "
« Vous deux deviendrez des statues »
" شما دو نفر مجسمه خواهید شد "
"mais vous garderez votre esprit"
" اما شما ذهن خود را حفظ خواهید کرد "
« Tu te tiendras aux portes du palais de ta sœur »
" تو باید جلوی دروازه های قصر خواهرت بایستی "
"Le bonheur de ta sœur sera ta punition"
" خوشبختی خواهرت مجازات تو خواهد بود "
« vous ne pourrez pas revenir à vos anciens états »
" شما نمی توانید به وضعیت قبلی خود بازگردید "

« à moins que vous n'admettiez tous les deux vos fautes »
"مگر اینکه هر دوی شما اشتباهات خود را بپذیرید "
"mais je prévois que vous resterez toujours des statues"
"اما من پیش بینی می کنم که شما همیشه مجسمه خواهید ماند "
« L'orgueil, la colère, la gourmandise et l'oisiveté sont parfois vaincus »
"غرور، خشم، پرخوری و بطالت گاهي غلبه مي كنند "
" mais la conversion des esprits envieux et malveillants sont des miracles "
"اما تبدیل ذهن حسود و بدخواه معجزه است "
immédiatement la fée donna un coup de baguette
بلافاصله پری با عصای خود سکته کرد
et en un instant tous ceux qui étaient dans la salle furent transportés
و در یک لحظه تمام کسانی که در سالن بودند منتقل شدند
ils étaient entrés dans les domaines du prince
آنها به قلمرو شاهزاده رفته بودند
les sujets du prince l'ont reçu avec joie
رعایای شاهزاده او را با شادی پذیرفتند
le prêtre a épousé Belle et la bête
کشیش با زیبایی و هیولا ازدواج کرد
et il a vécu avec elle de nombreuses années
و سالها با او زندگی کرد
et leur bonheur était complet
و شادی آنها کامل شد
parce que leur bonheur était fondé sur la vertu
زیرا سعادت آنها بر پایه فضیلت استوار بود

La fin
پایان

www.tranzlaty.com

www.ingramcontent.com/pod-product-compliance
Lightning Source LLC
Chambersburg PA
CBHW011557070526
44585CB00023B/2640